DIE GLÜCKLICHE LÖWIN

DIE GLÜCKLICHE LÖWIN

Erzählt von Louise Fatio
Gemalt von Roger Duvoisin

Übersetzt von Werner Schrader

Herder Freiburg · Basel · Wien

Der Glückliche Löwe und seine Frau, die Löwin,
waren sehr zufrieden mit ihrem Haus und Garten im Zoo.
Oft kamen Vögel und Eichhörnchen vorbei,
um in den Bäumen zu spielen.
Am liebsten saß der Glückliche Löwe
auf dem größten Felsblock im Garten.
Von dort hatte er die beste Aussicht über den ganzen Zoo
und die Besucher, die auf den Wegen herumspazierten.

Aber eines Tages,
als er wieder einmal vom Felsen hinuntersprang,
stieß er gegen einen losen Stein,
fiel hin und brach sich eine Pfote.

Unglücklicher Glücklicher Löwe!
Sofort wurde er
ins Tierkrankenhaus gebracht,
damit seine Pfote einen Gipsverband
erhalten und heilen konnte.
Die Löwin blieb allein
im Zoo zurück.
Unglückliche Löwin!
Ohne ihren Glücklichen Löwen
war sie sehr traurig.

Aber die Sache hatte auch eine lustige Seite.
Die Löwin merkte, daß jetzt, wo der Glückliche Löwe fort war,
nur noch ganz wenige Leute am Graben stehen blieben,
um sie anzuschauen.
Sie lachte: „Die Leute sind doch komisch.
Sie machen sich nichts aus mir, weil ich keine Mähne habe.
Keine Mähne – kein Löwe, denken sie.
Nur ein langweiliges glatzköpfiges Tier."

„Ist ja klar", sagte ihr Freund, der Rabe,
„die Leute glauben, du bist gar kein Löwe.
Sie sagen, Löwen sind die Könige der Tiere,
aber sie sagen nicht, daß Löwinnen die Königinnen sind!
Ärgere dich nicht darüber, ich habe nämlich eine Idee!
Wir machen dir eine Mähne!
Und weißt du woraus? Aus den langen Gräsern,
die hier auf den Wiesen und Feldern wachsen.
Damit wirst du prächtiger aussehen
als alle anderen Löwenkönige."
„Oh ja", riefen die Eichhörnchen und die Enten
und die Kaninchen und all die andern Freunde der Löwin.

„Wir helfen dir dabei!"
„Das wird ein Spaß werden!" rief die Löwin.
Und schon rannten oder flogen die Tiere los,
pflückten Gräser und Blumen auf den Feldern
und brachten sie zum Felsengarten.

Dann flochten sie eine mächtige Blumenmähne
um Kopf und Hals der Löwin.
Kein Löwe hatte je eine so leuchtend bunte Mähne gehabt wie sie.
Die Löwin war begeistert, als sie ihre neue Frisur
im klaren Wasser des Grabens betrachtete.
„Nun werden die Besucher mich ja wohl nicht mehr
für eine arme unscheinbare Löwin halten!"
rief sie und lachte.

Und wirklich!
Mehr Besucher als je zuvor drängten sich auf dem Weg
vor dem Graben zusammen
und winkten dem edlen Blumenlöwen zu.
Die Löwin war über Nacht zu einem ganz besonderen Löwen
geworden, den einfach alle bewundern mußten.
Und sie lachte und lachte!

Aber als Franz, der Sohn des Zoowärters, sie besuchte, sagte er:
„Meine liebe Löwin, jetzt hast du noch Spaß an dieser Mähne,
aber Blumen und Gras verwelken schnell.
Bald wirst du wieder eine ganz normale Löwin sein.
Darum sollten wir das Grünzeug schnell durch eine Mähne
aus echtem Haar ersetzen. Das verwelkt nie.
Wenn du dann wie ein richtiger Löwenmann aussiehst,
wirst du dir und den Leuten noch besser gefallen."

Franz war schlau. Bei drei Friseuren, die er kannte,
fand er bündelweise lange Haare. Als er damit bei der Löwin eintraf,
rutschte ihr die verwelkte Blumenmähne gerade von der Schulter.
Der Rabe und die anderen Tiere halfen ihm dabei,
der Löwin mit bunten Bändern eine neue prächtige Mähne zu knüpfen.
„Kein Löwe sah je so königlich aus wie du jetzt",
sagte er, als sie fertig waren.

Nie zuvor hatten so viele Besucher vor dem Zaun gestanden, um den königlichsten aller Löwen zu bewundern.

Und noch nie hatte die Löwin soviel Spaß gehabt wie jetzt,
wo sie der berühmteste Bewohner des Zoos war.

Doch eines Tages war die Pfote des Glücklichen Löwen geheilt,
und er wurde wieder nach Hause in seinen Felsengarten zurückgebracht.
Aber was für eine Überraschung gab es dort für ihn!
Wer war dieser langmähnige Löwe,
der sich da stolz auf dem größten Felsen breitmachte?
War er etwa hierhergebracht worden, um ihn,
den Glücklichen Löwen, von seinem Platz zu verdrängen?
Und wo war seine Löwin?
Er war empört und wollte mit dem unverschämten Burschen kämpfen.

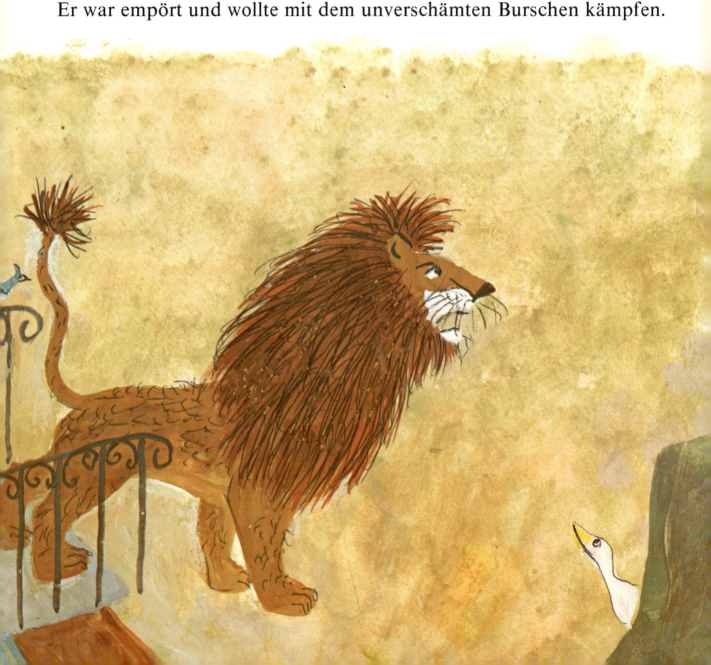

Doch wie erstaunt war er dann,
als der langmähnige Löwe ihm entgegengelaufen kam
und den haarigen Kopf an seinen schmiegte!
„Oh, du bist ja meine Löwin!"
rief der Glückliche Löwe außer sich vor Freude.
„Ja, ich bin's, deine Glückliche Löwin", antwortete sie.
„Aber, Liebling, wie um alles in der Welt
ist dir nur diese mächtige Mähne gewachsen?
Die ist ja doppelt so groß wie meine!"
Die Glückliche Löwin erzählte alles der Reihe nach.
Da fiel der Glückliche Löwe vor Lachen fast vom Felsen.
„Wenn die Besucher dich mit deiner Riesenmähne so gern haben,
solltest du sie behalten", sagte er.
„Sie steht dir wirklich gut."

„Nein", sagte die Löwin, „ich will wieder eine Löwin sein,
deine Glückliche Löwin.
Jetzt, wo du wieder da bist, wäre es albern,
die Besucher noch länger an der Nase herumzuführen."
Schon während sie das sagte, fing sie an, ihre Mähne abzuzupfen.
Die Freunde halfen ihr dabei.
Bald war sie wieder eine echte Löwenfrau,
mit kahlem Kopf und ohne Mähne.

Sie kuschelte ihren Kopf
an die Mähne ihres Glücklichen Löwen und sagte:
„Ich hab dich lieb, ich bin *deine* Glückliche Löwin."
Und er antwortete:
„Ich hab dich auch lieb, ich bin *dein* Glücklicher Löwe."

Da klatschten die Besucher rundherum,
sie warfen ihnen Kußhände zu, und alle waren glücklich.

*Alle Bilderbücher vom Glücklichen Löwen
im Verlag Herder*

Erzählt von Louise Fatio – Gemalt von Roger Duvoisin

Der Glückliche Löwe
Der Glückliche Löwe in Afrika
Zwei Glückliche Löwen
Das Glückliche Löwenkind
Wo ist der Glückliche Löwe?
Der Glückliche Löwe und der Bär
Der Glückliche Löwe macht Ferien
Das Geheimnis des Glücklichen Löwen
Die Freunde des Glücklichen Löwen
Die Glückliche Löwin

Durch alle Buchhandlungen erhältlich

2. AUFLAGE

Die amerikanische Originalausgabe erschien unter dem Titel
„The Happy Lioness" im Verlag McGraw-Hill Book Company, New York
Copyright © 1980 by Louise Fatio Duvoisin and Roger Duvoisin
Alle Rechte an der deutschen Übersetzung vorbehalten – Printed in Germany
Für die deutsche Ausgabe: © Verlag Herder Freiburg im Breisgau 1982
Herstellung: Freiburger Graphische Betriebe 1983
ISBN 3-451-19486-4